Lb A1 2958

LETTRES

D'UN

ROYALISTE SAVOISIEN

A SES COMPATRIOTES

IMPRIMERIE TOINON ET Ce, A SAINT-GERMAIN.

JOSEPH DE MAISTRE

LETTRES
D'UN
ROYALISTE SAVOISIEN
A
SES COMPATRIOTES

PUBLIÉES, POUR LA PREMIÈRE FOIS, EN FRANCE, D'APRÈS L'ORIGINAL,
TRÈS-RARE, DE L'ANNÉE 1793, ET PRÉCÉDÉES D'UNE PRÉFACE

PAR

RENÉ MUFFAT

Mihi quidem scribendi causam attulit gravis
casus civitatis; cùm nec tueri meo modo
Rempublicam, nec nihil agere poteram...
Cicer. de Div., II, 1.

H. PÉLAGAUD FILS ET ROBLOT
LIBRAIRES ÉDITEURS DE L'ARCHEVÊCHÉ DE LYON

PARIS	LYON
RUE DE TOURNON, 5.	GRANDE RUE MERCIÈRE, 48.

1872
1871

PRÉFACE

C'est une cruelle vérité, et trop bien démontrée à l'Europe et au monde, que la révolution de France dure encore, après quatre-vingt-deux ans d'expériences ridicules, de disputes byzantines, de hontes continues, de lâches forfaits, de théories monstrueuses et d'irréparables désastres. Jamais peuple, mieux doué pour les grandes choses, n'abandonna plus audacieusement les voies élevées que lui traça la Providence, et ne sut mettre, aussi, plus de patience et plus d'orgueil à demeurer dans l'abjection, à mépriser les lois et les vengeances divines, à se rabaisser vers la pâture des sens, à rechercher les discours frivoles, les raisonnements vides, la négation et la mort.

Phénomène unique dans l'histoire, et qui dénote les atteintes d'un mal extra-naturel, la nation française est la seule qui se soit jamais avisée de renier et railler ouvertement ses aïeux et son passé, — le plus glorieux qu'il soit possible de redire dans les annales et de chanter dans les poëmes.

Dieu l'avait privilégiée d'une sorte de sanctification originelle, qui, sans gêner sa liberté, lui assurait le monopole du vrai et du juste, l'amour passionné des grands sacrifices, la suprématie du courage et de la gloire.

Dieu, Roi, Noblesse, Clergé, Tiers-État, c'était une chaîne sublime; c'était toute la famille chrétienne; et, lorsque l'Orient et l'Occident écoutaient un de ces mots français, l'Orient et l'Occident tremblaient d'émulation, ou tressaillaient d'espérance.

Mais Lucifer a dit au soldat de Dieu : « Tu seras dieu; » et le héros a succombé. Il a même disparu.

Si l'on veut sonder l'abîme qui sépare la France du Christ de la république de M. Thiers, il faut réfléchir sur les deux faits suivants :

Il y a environ deux cent soixante et onze

ans, la bourgeoisie parisienne, dans la plénitude de ses droits et de sa liberté, se porta, un jour, au-devant du roi Henri IV, qui revenait, victorieux, de quelque bataille. En le faisant complimenter par le Prévôt des marchands, elle lui tint à peu près ce langage : « Si ce peuple vous fait paraître, ô Sire, un si grand amour et respect, mêlé à l'admiration qui vous est due pour tant de vaillance et science militaire, c'est l'assurance de contempler la plus sage et la plus puissante Majesté, comme étant celle qui davantage prête aide et soutien à la sainte Église; car nous savons que d'un tel privilége et honneur, ne voudriez jamais déchoir, d'autant que nos Rois n'ont point accoutumé de braver l'ire de Dieu et, ainsi, de courroucer les habitants de cette bonne ville de Paris. Nous vous rendrons très-équitablement telle justice que vous-même, Sire, ferez au Roi des Rois, etc., etc. »

Étaient-ils dans la servitude, les gens du Tiers-État capables de rappeler, avec une pareille liberté de langage, au Roi de France, et ses devoirs de Fils aîné de l'Église, et les vrais motifs de leur propre fidélité? Quel ministre, quel général du dernier Empire eût osé, seulement, *rédiger* de semblables pensées ? — Telles étaient mes questions, tandis que je tenais dans la main cette harangue imprimée, dont je ne me rappelle pas les termes.

Mais que se passe-t-il, chez nous, en l'an de grâce 1871 ?

Les bourgeois de Paris, qui, pendant deux mois, sont restés, au nombre d'un million, désarmés et muets, devant une légion de trente mille bêtes avinées, laquelle était menée par une poignée de malandrins; les bourgeois de Paris, après mille terreurs et humiliations du dernier degré, ayant été privés de leur liberté, frappés de la foudre, déchirés par des remords inconnus, éclaboussés par le sang des impies, relèvent, pourtant, leurs têtes superbes, et, dans un plat langage et d'un geste imbécile, repoussent leur Roi, par la seule crainte de le voir honorer Dieu et pratiquer la vertu.

Pauvre France, livrée tout entière aux histrions et aux philosophes! Elle a remplacé la réalité par des noms chimériques. Elle se croit fière, elle se dit libre; elle ne voit rien au delà de cette fatale année où on lui fit commencer la série de ses attentats contre Dieu et contre toutes les souverainetés qui en émanent. C'est, paraît-il, de l'an 1789 que datent ses gloires, hélas! et son émancipation. Cela est vrai, si l'on veut dire un corps *émancipé* de sa tête.

Mais ce grand corps, ballottant de ci de là, au gré de tous les vents d'enfer, passe et repasse toujours par les mêmes points sinistres ; et l'on sent trop que ce n'est pas là le progrès. Jamais, en ce temps-ci, le cours des événements n'apporte la moindre lumière à la science des conjectures. Enfin, les sages s'en étonnent et, Dieu soit loué! abandonnant leur piètre métaphysique aux journaux, ils demandent des secrets, des inspirations aux hommes pieux de tous les âges. « — Des prophéties! Déterrez-moi des prophéties, me disait tout à l'heure un libraire. Nous ne vendons, présentement, que cela, pour le château et pour la chaumière, pour l'école et pour les académies. »

C'est là, comme on dit, un signe du temps.

Eh bien! tandis que plusieurs méditent les prédictions répandues dans quelques petits livres chrétiens, qui ne leur sont point assez familiers, nous n'étudierons pas avec moins d'efficace les prévisions raisonnées d'un homme de génie, que, plus tard, on appellera, universellement, l'Aigle des Alpes. Lui seul, tout de suite, a découvert le vrai principe de la grande révolte; lui seul en a su montrer le caractère *satanique* et pressentir la durée, comme on le peut voir dans les lignes suivantes, écrites au début de nos malheurs :

« Longtemps nous n'avons point compris
» la révolution dont nous sommes les té-
» moins; longtemps nous l'avons prise pour
» un *événement*. Nous étions dans l'erreur;
» c'est une *époque*; et malheur aux gé-
» nérations qui assistent aux époques du
» monde [1]. »

Dès que sa chère patrie, la Savoie, eut été envahie par le flot des idées et des armées françaises, le 22 septembre 1792, le comte Joseph de Maistre s'attacha, pour toute la vie, à l'étude et à la défense de la souveraineté, partout menacée.

---

[1] **De Maistre**, *Lettres et Opuscules*, II, p. 159.

Son premier ouvrage vraiment politique parut, sans nom d'auteur, à Lausanne, sous la rubrique d'Anneci, en 1793. Ce sont deux *Lettres d'un Royaliste Savoisien à ses compatriotes*. Elles forment un petit volume in-8°, composé de cinquante et une pages, et corrigé avec soin par l'auteur. Les caractères typographiques en sont, je crois, les mêmes qui servirent, l'année suivante, à l'impression du joli opuscule de Xavier, le *Voyage autour de ma chambre*, édité par Joseph de Maistre.

Rarement le patriotisme et la fidélité firent entendre un langage si fier, si grave et si sincère. Les *Lettres d'un Royaliste Savoisien*, publiées quatre ans avant les *Considérations sur la France*, nous offrent déjà autant de vues lumineuses sur l'avenir, autant de terribles images de l'enchantement révolutionnaire, qu'on en peut remarquer dans ce dernier ouvrage. Mais l'accent y est plus ému, la forme plus oratoire. Il ne s'y agit point d'instruire une nation qui aurait perdu le souvenir et le respect de ses lois constitutives, car le bon sens savoyard n'avait pas été gagné par la gangrène de France. Le gentilhomme émigré rappelle, en termes frappants, aux enfants des montagnes, leur bonheur évanoui, la violation de leur territoire par les soldats de la révolution, les maux déjà accomplis dans une autre contrée; il leur marque le progrès fatal des crimes, des folies, des sacriléges qui suivent d'ordinaire une première violence contre le Souverain. Les pages qui terminent la première lettre nous déroulent toutes les horreurs de la Convention. C'est d'une vigueur et d'une rapidité incomparables. Une chose qui étonnera fort nos hommes d'État, et, en général, tous les penseurs vulgaires, c'est qu'il ne se pourrait trouver un tableau plus saisissant de la Commune de Paris, — je dis bien la Commune de 1871.

Ainsi, les *Lettres d'un Royaliste Savoisien* appartiennent plus proprement au pays de l'auteur, soit par le ton du style, soit par la nature des détails. Je ne sais, en vérité, si l'on peut assez bien juger ce grand philosophe partout ailleurs qu'en Savoie. Il n'y fut jamais considéré, ainsi qu'en France, comme un écrivain paradoxal, ni même comme un chef d'école. Aux yeux de ses compatriotes, il ne semble, d'ordinaire, que revêtir de formules éloquentes leur foi générale dans l'autorité sans bornes de l'Église, et qu'affirmer et expliquer avec profondeur, originalité et convenance, leur attachement au pouvoir légitime et paternel des anciennes Maisons Royales. En Savoie, nous sommes nés et nous avons grandi, pour la plupart, dans un amour très-vif et très-raisonné d'une souveraineté indiscutable. Certes, nous regardons bien l'auteur des *Soirées* comme un géant; mais il est de notre famille. Il brille d'un grand éclat dans cette génération qui frémissait d'enthousiasme à la simple vue d'un Roi, et qui se jetait en foule, à genoux, dans les champs et dans la rue, au passage de l'Évêque.

On voudra bien observer que la Savoie est peut-être le seul pays de langue française qui ait perpétuellement échappé aux intrigues jansénistes, aux séductions gallicanes, ainsi qu'à toute autre hérésie *libérale*. C'est l'indice d'une forte constitution. Elle fut, d'ailleurs, préservée de l'idée même du mal, grâce à la vigilance de ses pasteurs, depuis messire d'Aranthon d'Alex, adversaire du grand Arnauld, jusqu'à cet autre prélat illustre, monseigneur Rey, le plus ancien ami et confident de Joseph de Maistre.

J'ai donc lu sans étonnement, quoique avec beaucoup d'admiration et de joie, le petit ouvrage que je remets en lumière, et dont les Français ne connaissent que le titre. L'édition originale en étant devenue fort rare, le comte Rodolphe, dans la préface des *Lettres et Opuscules* de son père, marquait déjà, en 1851, l'intention de le réimprimer un jour, ou plutôt de le *publier*, comme s'il eût voulu faire entendre que ces deux lettres fussent inédites [1]. Et, de fait, elles le sont pour toutes autres personnes que deux ou trois bibliophiles. Le comte Rodolphe est mort, avant que d'avoir pu définitivement réunir toutes les œuvres du grand écrivain. Ici même, pour la publication des *Lettres*

---

[1] Peut-être, dit-il, les publierons-nous un jour, et elles ne manqueraient certainement pas de ce que le néologisme moderne appelle *actualité*. Souvent, à de longs intervalles de temps, les mêmes erreurs se dressent, revêtues de nouveaux sophismes (*eadem mutata resurgo*), et l'invariable vérité apparait aussitôt pour les combattre dans son antique et austère beauté. (Notice biographique en tête des *Lettres et Opuscules*, p. 14, à la note.)

d'un Royaliste Savoisien, l'on ne pourrait remplacer tout à fait le fils de l'auteur. D'après une citation que je vais, d'ailleurs, reproduire, il possédait, sans doute, en manuscrit, et peut-être par fragments, une troisième lettre de Joseph de Maistre, adressée particulièrement au Roi et à la Noblesse, et dont l'impression fut rendue inutile par le triomphe prolongé des armées révolutionnaires.

Voici ces lignes remarquables, qui compléteront tout ce que j'ai pu découvrir des *Lettres d'un Royaliste Savoisien à ses compatriotes :*

« Sujets fidèles de toutes les classes et de
» toutes les provinces, sachez être royalistes.
» Autrefois c'était un instinct, aujourd'hui
» c'est une science. Serrez-vous autour du
» trône, et ne pensez qu'à le soutenir : si
» vous n'aimez le roi qu'à titre de bienfai-
» teur, et si vous n'avez d'autres vertus que
» celles qu'on veut bien vous payer, vous
» êtes les derniers des hommes. Élevez-vous
» à des idées plus sublimes, et faites tout
» pour l'ordre général. La majesté des sou-
» verains se compose des respects de chaque
» sujet. Des crimes et des imprudences pro-

» longées ayant porté un coup à ce caractère
» auguste, c'est à nous à rétablir l'opinion, en
» nous rapprochant de cette loyauté exaltée de
» nos ancêtres : la philosophie a tout glacé,
» tout rétréci; elle a diminué les dimensions
» morales de l'homme, et si nos pères renais-
» saient parmi nous, ces géants auraient
» peine à nous croire de la même nature.
» Ranimez dans vos cœurs l'enthousiasme de
» la fidélité antique, et cette flamme divine
» qui faisait les grands hommes. Aujourd'hui
» on dirait que nous craignons d'aimer et
» que l'affection solennelle pour le souverain
» a quelque chose de romanesque qui n'est
» plus de saison : si l'homme distingué par
» ces sentiments vient à souffrir quelque in-
» justice de ce souverain qu'il défend, vous
» verrez l'homme au cœur desséché jeter le
» ridicule sur le sujet loyal, et quelquefois
» même celui-ci aura la faiblesse de rougir :
» voilà comment la fidélité n'est plus qu'une
» affaire de calcul. Croyez-vous que, du temps
» de nos pères, les gouvernements ne com-
» missent point de fautes ? Vous ne devez
» point aimer votre souverain parce qu'il est
» infaillible, car il ne l'est pas; ni parce qu'il

» aura pu répandre sur vous des bienfaits,
» car s'il vous avait oubliés, vos devoirs
» seraient les mêmes. Il est heureux, sans
» doute, de pouvoir joindre la reconnaissance
» individuelle à des sentiments plus élevés
» et plus désintéressés : mais quand vous
» n'auriez pas cet avantage, n'allez pas vous
» laisser corrompre par un vil dépit qu'on
» appelle NOBLE ORGUEIL. Aimez le souverain
» comme vous devez aimer l'*ordre*, avec
» toutes les forces de votre intelligence ; s'il
» vient à se tromper à votre égard, vengez-
» vous par de nouveaux services : est-ce que
» vous avez besoin de lui pour être honnêtes ?
» ou ne l'êtes-vous que pour lui plaire ? . .

. . . .

» Servons-le comme ses pères furent servis
» par les nôtres. Vous surtout, membres du
» premier ordre de l'État, souvenez-vous de
» vos hautes destinées.

» Que vous dirai-je ? Si l'on vous avait
» demandé votre vie, vous l'auriez offerte
» sans balancer : eh bien, la patrie demande
» quelquefois des sacrifices d'un autre genre
» et non moins héroïques, peut-être préci-
» sément parce qu'ils n'ont rien de solennel,

» et qu'ils ne sont pas rendus faciles par les
» jouissances de l'orgueil. Aimer et servir,
» voilà votre rôle. Souvenez-vous-en, et ou-
» bliez tout le reste. Comment pourriez-vous
» balancer ? Vos ancêtres ont promis pour
» vous. »

Ces pages magnifiques sont véritablement d'une grande utilité et valeur, pour l'heure présente. Puisse la France en profiter glorieusement, et sans retard ! Mais le duc de Savoie, hélas ! n'en saurait tirer bénéfice, ayant rompu lui-même les anneaux de la chaîne qui l'attachait à son peuple et au Vicaire de Jésus-Christ, de cette « chaîne souple qui nous retient sans nous asservir. »

Triste et curieux spectacle ! De l'autre côté des Alpes, c'est un Prince qui sert, présentement, la Révolution, contre le gré de la majorité du peuple, après s'être *débarrassé* de ses sujets les plus fidèles et du berceau de ses ancêtres ; tandis qu'en France, une nation toujours aimée de son Roi, et toujours rebelle, ne le veut point appeler, même pour laver la honte, pour guérir les plaies et pour rétablir l'influence lointaine de la patrie.

Cependant, à qui ferons-nous les destinées de la France? Qui pourra rompre le charme? Qui nous apportera le salut? Ce seront, comme jadis, les Rois défendant l'Église, par le commandement de Dieu, et sous la protection de l'Église.

R ené MUFFAT.

A M***

Salut à vous, homme de bien, sujet fidèle, excellent ami ! A travers les barrières immenses qui nous séparent, ma pensée va vous chercher et se plaît à s'entretenir avec vous. Lisez ces feuilles : je les dédie à la vérité et à l'honneur ; elles vous appartiennent. Adieu.

A. . . . . Mai 1793.

PREMIÈRE LETTRE

D'UN

ROYALISTE SAVOISIEN

A SES COMPATRIOTES

RÉFLEXIONS PRÉLIMINAIRES.

Chers et malheureux compatriotes !

Lorsqu'une nation entière est agitée par un événement extraordinaire, et que les passions les plus violentes frémissent à la fois et se choquent avec fureur, ce n'est point le moment de lui faire entendre la voix de la raison.

Mais lorsque le temps a calmé cette première effervescence, et que les tristes et salutaires instructions de l'expérience ont ramené les bons esprits et les cœurs droits, alors seulement il est temps de parler à ce peuple.

Vous venez de recevoir une leçon terrible : mais, pour en tirer tout le parti possible, il est temps de vous recueillir; de permettre qu'on vous présente vous-mêmes à vous-mêmes, et d'interroger le passé et le présent, pour assurer vos pas dans l'avenir.

L'Europe a retenti de la Révolution Françoise; nulle nation n'a été indifférente à ce grand événement; mais la nôtre étoit placée malheureusement pour recevoir le premier contre-coup. Que vous étiez loin cependant de connoître tout le danger qui vous menaçoit! Un effroyable volcan se creusoit tout-à-coup; vous étiez sur le bord, et vous dormiez! Que dis-je? plusieurs d'entre vous célébroient, de bonne foi, des événemens qui leur paroissoient annoncer le bonheur de l'espèce humaine. Funeste erreur ! Mais qui oseroit vous condamner? c'étoit l'erreur universelle.

Jamais on n'éleva plus de cris contre la tyrannie qu'au moment où il y en eut le moins. A l'époque des premiers troubles de la France, tous les trônes de l'Europe étoient occupés par des Princes d'un caractère doux et estimable. Les mœurs les plus sévères et des vertus antiques honoroient un grand nombre de cours. Ces coups terribles d'autorité, ces exécutions clandestines qui déshonorent tant de pages de l'histoire, étoient à peine mis au rang des choses possibles. La France, surtout, possédoit dans son jeune Souverain un modèle de justice, de bonté, de mœurs, de vertus religieuses; modèle que le contraste du dernier règne rendoit plus éclatant encore. Il voyoit sans chagrin l'opinion publique affoiblir le pouvoir arbitraire; il encourageoit même cette opinion; et, dans le calme d'une conscience pure, il croyoit n'avoir rien perdu, quand il accordoit tout à son peuple.

Cependant, il faut avoir le courage de l'avouer avec la même franchise, à l'époque mémorable où la France commença à s'ébranler, les gouvernemens d'Europe avoient vieilli, et leur décrépitude n'étoit que trop connue de ceux qui vouloient en profiter pour l'exécution de leurs funestes projets; mille abus accumulés minoient ces gouvernemens; celui de France surtout tomboit en pourriture. Plus d'ensemble, plus d'énergie, plus d'esprit public; une révolution étoit inévitable; car il faut qu'un gouvernement tombe, lorsqu'il a, tout à la fois, contre lui, le mépris des gens de bien et la haine des méchans.

Les conjurés se servirent avec la plus grande habileté de ce double sentiment, pour faire désirer un nouvel ordre de choses et pour s'attirer de la faveur.

Dans un ouvrage consacré tout entier à la vérité, ne craignons pas de répéter que les premiers actes de la révolution de France séduisirent l'Europe. Les Anglois, surtout, accordèrent beaucoup de faveur à la révolution qui se préparoit en France, comme on peut s'en convaincre par la lecture de leurs journaux [1]; et si la presse avoit été libre

---

[1] Je choisirai deux citations entre mille. Dans le *London-Review*, du mois de Mai 1789, qui contient une exposition très-bien faite de la grande querelle entre M. de Calonne et M. Necker, on lit ce passage remarquable : « Que » M. Necker se soit trompé ou non dans l'administration » des finances de France, il a peut-être rendu à ce royaume » et à l'univers entier un service bien plus essentiel que » celui qu'il s'étoit proposé, en répandant un esprit de » recherche et de liberté, et en préparant les voies pour

dans les autres contrées de l'Europe comme elle l'étoit en Angleterre, nous aurions aujourd'hui, de la part de toutes les nations, les mêmes monumens d'approbation que nous trouvons chez les Anglois à cette époque. Et qu'on ne dise pas que les différens traits qu'on peut citer dans ce genre, ne représentent point l'opinion générale, ou du moins celle de la majorité ; car ces traits sont assez nombreux pour prouver le contraire. Il en est d'ailleurs qui, par leur nature seule, montrent l'esprit public à découvert. Je le demande, par exemple : si dans le pays de l'univers où l'opinion publique est la plus connue et la plus respectée, cette

» une révolution glorieuse, dans le gouvernement fran-
» çois. » — *By diffusing a spirit of inquiry and liberty and preparing the way for a glorious revolution in the French governement.* — Ailleurs, les mêmes journalistes disent, en parlant de la nuit mémorable du 4 Août 1789 : « Imaginez
» les transports de la joie, les cris de l'admiration ! La scène
» est trop belle pour que l'art ose entreprendre de la dé-
» crire ; chercher à l'embellir, ce seroit en détruire la
» beauté : chacun se croyoit riche des sacrifices qu'il fesoit ;
» C'étoit une ivresse sublime. » (*There was a sublime intoxication.*) Il n'y a de trop, dans cette dernière phrase, que l'épithète et la métaphore ; car nous apprîmes tous, dans le temps, que les héros de cette nuit avoient bu largement lorsqu'ils *défirent* la France après souper.

opinion avoit été contraire aux premiers actes de la révolution de France, croit-on qu'on eût osé hasarder sur un théâtre le discours que je vais traduire, et qui précéda la représentation d'une pièce relative à cette même révolution ?

L'auteur disoit par la bouche de l'acteur :
« C'est par le sujet intéressant de la pièce,
» que nous vous prouverons à quel point
» nous désirons mériter vos applaudisse-
» mens. Ce soir l'illusion de la scène vous
» transportera sur des rivages voisins où la
» tyrannie a cessé de régner, où la liberté
» s'établit glorieusement, et fait briller ses
» rayons, *même* sur une terre françoise. Oui,
» le génie d'*Albion* échauffe tous les cœurs,
» enflamme toutes les âmes. Le despotisme
» est écrasé ; ses armées fuyent en tremblant,
» et la liberté angloise répand ses bénédic-
» tions sur la France [1]. Cette déesse, bril-
» lante de ses charmes naturels, appelle ses
» nobles enfans au combat ; fidèles à sa voix,
» ils volent sous ses bannières. — Ah ! qu'on
» ADORE à jamais la main qui se fit jour la

---

[1] Toutes ces bénédictions peuvent cependant être racontées en deux mots : *Têtes coupées et têtes gâtées*.

» première dans les sombres cachots de la
» Bastille [1], rendit à la lumière ses pâles ha-
» bitans, et recommanda leurs noms à la
» postérité. Nous tâcherons de peindre ces
» glorieuses scènes ; puissent-elles émouvoir
» tous les cœurs, et mouiller tous les yeux !
» Quel tableau plus digne du théâtre anglois,
» que celui de la liberté animée d'un enthou-
» siasme pur, appelant les hommes à l'hon-
» neur de reconnoître ses droits ; et d'établir
» ses lois imprescriptibles sur une base aussi
» solide que les rochers qui ceignent notre
» île heureuse, pour être jusqu'à la fin des
» temps l'objet de la vénération des hommes.
» — Ah ! puissent ces lois sacrées régner en-
» suite sur toutes les autres contrées ! Que
» l'orgueilleuse tyrannie soit précipitée de
» son trône, et que la liberté tienne enfin le
» sceptre de l'univers [2] ! »

Voilà sous quel point de vue on envisageoit, à Londres, la révolution de France, au mois

---

[1] *And, oh, for ever be the hand* ADOR'D, *Who first the Bastile's horrid cells explor'd!*

[2] *Occasional Adress spoken by M. Palmer* at the royal Circus, written by Th. *Bellamy.* European Magazine, t. XVI, p. 382.

de Novembre 1789. Si ce peuple calme, accoûtumé depuis longtemps aux discussions politiques et jouissant d'une constitution libre, se trompoit si fort dans ses jugemens et dans ses espérances, on peut bien croire que les autres nations n'étoient ni plus sages ni plus clairvoyantes. J'insiste beaucoup sur cette observation, et je la recommande à tous les hommes d'État, parce que je la crois encore très-importante. D'ailleurs, elle sert à repousser les jugemens beaucoup trop sévères qu'on a portés sur vous dans les commencemens de la révolution : le mouvement qu'on aperçut alors dans les esprits, tenoit uniquement à des idées d'améliorations qu'on envisagea de tous côtés comme possibles. Au milieu des absurdités et des horreurs qui nous environnent, on a quelque peine à se rappeler combien ces idées étoient séduisantes, même pour la sagesse. Un Monarque éminemment bon, offroit à son peuple ce que les autres nations auroient à peine osé désirer. Du haut de son trône il invoquoit la suppression des abus et le rétablissement de l'ordre; il donnoit l'exemple des sacrifices : il proclamoit LA LIBERTÉ PAR

LE MONARQUE! Hélas! qui n'auroit été séduit! Il est aisé aujourd'hui de juger la révolution de France, mais alors, il étoit encore plus aisé de se tromper. Un malade souffroit depuis long-temps dans une immobilité absolue ; fatigué de sa position, il voulut se tourner...; peu de gens étoient en état de prévoir qu'il en mourroit.

L'Europe, dans les premiers momens, pencha donc visiblement du côté de cette révolution. De tout côté on crut à une régénération possible, et tous les yeux se tournèrent vers la France, dont les destinées alloient influer sur celles des autres nations. Il y auroit de l'injustice à vous reprocher l'intérêt qu'une foule d'hommes accordèrent, parmi vous, aux premiers travaux de l'Assemblée Nationale ; ils ne fesoient en cela que suivre le mouvement général.

Mais l'enchantement universel dura peu, et les esprits ne tardèrent pas à se diviser. Les premiers pas des Législateurs montrèrent ce qu'ils étoient et ce qu'ils préparoient; des crimes épouvantables firent pâlir l'homme sensible : la Religion trembla pour ses autels, les Rois pour leurs couronnes, les

Nobles pour leurs distinctions héréditaires. Le philosophe, trompé un instant par des Solons de collége, apprit bien vîte à les mépriser, et la nuit du 4 Août 1789 ne laissa plus à la Révolution Françoise un seul partisan sage dans l'univers.

Malheureusement, il n'est pas donné au peuple de suivre la marche des sages; il arrive toujours au même point, mais il arrive plus tard. Les dogmes annoncés par les Législateurs François étoient à la portée de tout le monde, précisément parce qu'ils étoient faux. Ces hommes ne vous débitoient que des maximes générales, formules commodes de l'ignorance et de la paresse. *La souveraineté du peuple, les droits de l'homme, la liberté, l'égalité*, grands mots qu'on croit comprendre à force de les prononcer. Jamais prédicateurs ne furent plus propres à conquérir l'esprit du peuple. L'innocence des campagnes résista cependant parmi nous; mais la demi-science des villes, mille fois plus funeste que l'ignorance, prêta l'oreille à la séduction : l'oisive vanité agita des questions que nos pères ne se seroient jamais permis d'aborder ; bientôt un petit nombre d'audacieux énoncèrent quelques dogmes qui choquèrent l'antique fidélité ; on discuta ces dogmes, et ce fut déjà un mal.

Mais il étoit aisé de prévoir qu'on ne s'en tiendroit point là, et qu'on ne sauroit pas conserver le sang-froid ; les passions vinrent en effet mêler, à l'ordinaire, leur voix sinistre au choc paisible des raisonnemens. Les novateurs touchoient les fibres les plus sensibles du cœur humain ; ils avoient pour alliés l'ambition, l'intérêt, la vanité. Hélas! que pouvoient les sages, seuls avec la raison, contre cette phalange formidable?

D'ailleurs, il faut l'avouer, le bon parti étoit composé d'hommes, comme l'autre, et je ne prétends point soutenir que ces hommes n'aient mis dans la dispute beaucoup d'alliage et de personnalités ; plusieurs pensoient à leur intérêt beaucoup plus qu'à celui de l'État. Plusieurs eurent raison par hasard, car ils n'étoient pas mieux instruits que leurs adversaires ; d'autres eurent raison durement : enfin, l'orgueil choqua l'orgueil ; la querelle s'échauffa, et les deux partis élevant la voix tous les jours davantage, il arriva ce qui devoit arriver; ils furent entendus de Turin.

A présent que la dure leçon du malheur a calmé les esprits, (ceux du moins auxquels je m'adresse), il est temps de vous demander s'il est un homme sage dans l'univers qui puisse blâmer les alarmes de la Cour à cette époque, et les précautions extraordinaires qu'elle prit pour écarter le fléau qui nous menaçoit. En faveur de la vérité, qui est toujours neuve, passez-moi une comparaison un peu usée. Voyez dans le Roi de Sardaigne un père de famille qui contemple la maison de son voisin dévorée par un incendie affreux : il est sur pied avec toute sa famille; il ne permet le repos à personne; il coupe son toit; il appelle ses amis, etc. Eh ! que diriez-vous de ses enfans ou de ses domestiques qui voudroient, dans ce moment, se mettre à table ou au lit? qui se plaindroient *qu'on les vexe, qu'il n'y a pas moyen de vivre tranquille avec ce despote?*

Et quand il vous arriveroit, au milieu du tumulte et du danger, d'être coudoyés ou blessés dans la manœuvre par des ouvriers mal choisis et moins lestes qu'empressés, saisiriez-vous ce moment pour vous plaindre et pour faire tomber sur *le père* le murmure ou le reproche?

Le voile de l'allégorié me pèse; parlons ouvertement. Le Roi eut trop de raisons de s'alarmer, et la crainte nécessite toujours des précautions extraordinaires. Cependant, me préserve le ciel de tout excuser! celui qui ne sait dire la vérité qu'au peuple n'est qu'un vil accusateur, et même un ennemi mortel du Souverain, qu'il fait hair : mais en remplissant *le plus saint des devoirs*, (il faut purifier cette expression) il est des mesures à garder. Vous saurez quelque chose en politique lorsque vous saurez que la Majesté des Souverains est la première propriété des peuples. Conservons donc le charme puissant de cette Majesté; elle leur coûte bien plus cher qu'à nous, puisqu'elle les condamne à l'ennui, au dégoût, à la triste monotonie de la grandeur, et à la privation des plus douces jouissances de l'humanité. Ne nous avilissons jamais, et ne dégradons pas l'obéissance : mais n'allons pas aussi, comme ces François, les plus inconsidérés des hommes, croire nous élever en abaissant le pouvoir suprême. Oui, sans doute, il faut lui dire la vérité ; c'est le plus grand service que nous puissions lui rendre : mais ne croyez pas qu'on ait droit de la dire au Roi à qui l'on doit tout, comme à vous à qui l'on ne doit rien. Il faut la dire avec un courage timide, avec le sang-froid le plus respectueux, en sorte que ce soit toujours la conscience qui ait l'air de parler, et jamais la passion.

Je conviendrai donc sans détour comme sans aigreur, que les précautions dont je parlois tout-à-l'heure furent poussées trop loin, ou plutôt mal dirigées ; que le Roi fut servi trop souvent avec plus de zèle que de talent ; que la défiance, quoique juste dans son principe, prit quelquefois à votre égard des formes trop générales et trop mortifiantes ; que vous eûtes quelques raisons de vous irriter contre un certain zèle gauche qui exagéroit tous les principes pour se faire remarquer de loin ; enfin, que le gouvernement eut le très-grand malheur (je ne dis pas le très-grand tort, car ce fut une erreur) de confondre les mécontens avec les démocrates, et de prendre la voix timide et respectueuse de l'inquiétude et de la tristesse pour les premiers accens de la sédition.

Mécontens de toutes les classes ! voilà vos griefs ; en avez-vous d'autres ? non. Eh bien ! c'est à votre tour maintenant d'être sincères. N'est-il pas vrai que la révolution de France étant un événement unique dans l'histoire, les temps passés ne présentoient malheureusement aucune leçon de conduite ; que les différens ministères de l'Europe eurent beaucoup de peine à s'en faire une idée juste, et que notre gouvernement n'a pas plus de reproche à se faire, que tous les autres, qui n'y ont rien compris ? N'est-il pas vrai que l'inquisition qu'il étoit obligé d'exercer pour la sûreté publique fut malheureusement (oui, en vérité, *malheureusement*) toujours plus ridicule que violente, puisqu'elle passoit les jours et les nuits à tâtonner sans rien saisir, et que les scélérats furent toujours plus habiles qu'elle ? N'est-il pas vrai que lorsque vous embouchiez la trompette pour publier les CRIMES ! ! ! de la tyrannie, vos auditeurs raisonnables étoient tout surpris de finir par rire au lieu de frémir ? N'est-il pas vrai que la révolution de Savoie a fourni au gouvernement une grande justification, puisque les hommes qu'il soupçonnoit, qu'il surveilloit, qu'il persécutoit, (comme il vous plaira) se sont montrés presque tous les ennemis déclarés du Roi, dès qu'ils ont pu le faire impunément? N'est-il pas vrai, enfin, que jamais les alarmes ni le mécontentement n'ont pu déroger à cette modération, à cette probité qui fait le caractère le plus distinctif de notre gouvernement? Rappelez-vous, par exemple, une affaire criminelle qui agita prodigieusement les esprits; souvenez-vous que personne ne doutoit de l'importance qu'on y attachoit à Turin, et que cependant la loi n'osa point interroger le témoin principal, parce qu'il auroit fallu, pour l'entendre, violer une parole que la loi n'avoit, pourtant, pas donnée. Supposez aujourd'hui ce qu'on appelle un *Aristocrate* dans les mêmes circonstances où se trouvoit alors l'homme qui vous intéressoit; supposez que : — mais j'allois vous dire des choses superflues; hâtons-nous d'arriver à l'époque mémorable où les François, apportant sur nos frontières le drapeau tricolore, menacèrent la Savoie d'une invasion prochaine. Pour se former une idée nette de la nation dans ce moment, il faut la diviser en quatre classes :

1° Les Révolutionnaires décidés, ennemis mortels du Roi et de son gouvernement, qui étoient en relation avec les François, qui les vouloient, qui les appeloient même, et sans lesquels, peut-être, nous n'aurions jamais changé de domination. Ces hommes méritent tous les supplices : je ne leur souhaite que celui des remords.

2° Les hommes honnêtes, mais trompés, qui croyoient de bonne foi à la Constitution françoise et à la régénération de la société par cette Constitution. Fidèles à la voix de leurs consciences, ils auroient été incapables de trahir leur Souverain ; mais ils voyoient arriver sans terreur les lois françoises qu'ils avoient le malheur de croire bonnes. Cette classe, qui a disparu, n'est pas coupable, car on ne l'est jamais de se tromper de bonne foi, pourvu qu'on s'interdise la manifestation de ses pensées. Il ne dépend de personne de préférer telle ou telle espèce de gouvernement ; il suffit de respecter et de servir celui auquel le hasard de la naissance nous a soumis.

3° Les Royalistes systématiques. Il faut

mettre dans cette classe toute la Noblesse et tout le Clergé, l'écume exceptée.

4° Le Peuple proprement dit, fidèle par instinct, bon par caractère; qui n'a pu être d'aucune utilité au Gouvernement, puisqu'il étoit privé de tout moyen de résistance, mais dont la bonté, l'humanité, la rectitude naturelle se sont montrées d'une manière si éclatante, qu'on ne pourra jamais l'oublier sans injustice et sans ingratitude [1].

Vous savez que vous apparteniez tous à l'une de ces quatre classes. Le ciel connoît le nombre des individus qui les composoient. Ce qu'on peut affirmer sans crainte de se tromper, c'est que la grande majorité étoit pour le Roi.

Cependant les premiers momens de la domination françoise ont pu le faire douter de cette vérité. Il parut d'abord que vous alliez au-devant des lois nouvelles : aucune voix ne s'éleva pour lui, et ceux qui étoient à la tête

---

[1] Ce Peuple, maître de lui-même depuis le 22 Septembre, est encore, malgré le mauvais exemple et les prédications les plus fanatiques, aussi pur que l'année dernière; pas une goutte de sang, pas un incendie, en un mot, pas un acte de violence de sa part.

des choses mettoient dans leur marche une impétuosité qui ne parut jamais contredite par l'opinion publique,

Un petit nombre de réflexions vous absoudront aux yeux de votre Souverain légitime et de l'Europe entière.

D'abord, la première classe, possédant tout à la fois la force et l'audace, s'empara brusquement de l'autorité ; et cette minorité terrible glaça d'effroi tous les amis de la royauté.

En second lieu : si le Gouvernement eut, dans ces premiers instans, le chagrin de croire qu'il n'étoit pas regretté, ce fut la suite inévitable de la conduite qu'il avoit tenue. Si la défiance ne tue pas la fidélité, elle exclut au moins l'enthousiasme. Est-il nécessaire, d'ailleurs, de rappeler les événemens du mois de Septembre ? Ce sont des malheurs, sans doute, et rien que des malheurs ; mais si le Peuple, dans un moment d'erreur et de saisissement, leur donna des noms plus fâcheux, il ne faut qu'une indulgence médiocre pour lui pardonner un instant de refroidissement. Il étoit cruellement trompé, et il perdoit tout, après avoir beaucoup espéré. En faut-il davantage pour l'absoudre ?

Enfin, on a peut-être trop oublié aujourd'hui la terreur que les armes françoises inspiroient, il y a six mois. L'opinion du premier moment, en Savoie et ailleurs, fut que ce pays, suivant toutes les apparences, étoit à jamais perdu pour ses anciens Maîtres. Il étoit donc non-seulement dangereux, mais parfaitement inutile de regretter tout haut le Gouvernement qu'on venoit de perdre.

Étrange caractère de l'esprit humain ! Le passé est toujours perdu pour lui, et la sensation du moment l'affecte au point de le priver de l'attention nécessaire pour lire dans le grand livre de l'expérience. L'antiquité a dit des François : « Plus que des hommes dans le » début, et bientôt moins que des femmes. » Ce jugement n'est qu'exagéré : il falloit dire, avec le Tasse, et c'étoit assez pour se tranquilliser :

> Impeto fan nelle bataglie prime ;
> Mà di legger poi langue e si reprime.

Qu'y avoit-il donc de si désespérant pour nous dans les événemens de l'automne ? On avoit trop méprisé les François ; on n'étoit point en mesure ; ils profitèrent de nos erreurs avec leur impétuosité ordinaire. Tout nous disoit que leurs succès même amèneroient des revers infaillibles : on ne voulut pas le voir, l'opinion ne mit plus de bornes à leurs succès; et les voyageurs du mois de Septembre peuvent bien attester qu'on raisonnoit au-delà des Alpes tout aussi juste que parmi vous.

Enfin, le charme est rompu : les François ont fait ce qu'ils ont toujours fait, une course rapide, suivie d'un retour aussi rapide ; et après une consommation épouvantable d'hommes et de capitaux, ils ont perdu presque toutes leurs conquêtes, et leurs frontières sont entamées.

Les six mois que vous venez de passer, sous un sceptre de fer, ne seront pas perdus pour vous : les théories étoient trop séduisantes pour la foule, l'expérience seule pouvoit la détromper complétement. La leçon vous coûte cher ; mais elle est si importante et si décisive, que vous ne sauriez trop la payer.

Bons Savoisiens! comme on vous a trompés!

comme on s'est joué de la crédulité d'un bon Peuple! C'est aujourd'hui seulement qu'on peut vous faire comprendre combien vous avez été insultés. On vous convoqua d'abord en *Assemblées primaires*, élémens de l'anarchie, et sans vous faire savoir pourquoi; car nul manifeste, nulle proclamation préliminaire ne vous avoit appris, au nom de vos nouveaux maîtres, ce qu'on vouloit de vous. Seulement, des hommes sans caractère et sans mission légale, avoient parcouru vos campagnes et envahi vos chaires rustiques, pour y débiter des dogmes forcenés, qu'heureusement vous ne comprîtes pas. Tout ce que vous pûtes concevoir vaguement, c'est qu'il s'agissoit de savoir si vous donneriez la Savoie à la France, ou si vous la constitueriez en gouvernement indépendant. Étourdis de cette mission, et bien persuadés que la conquête avoit ôté pour toujours la Savoie à ses Souverains, vos Députés arrivèrent à Chambéri, où ils trouvèrent dans ce qu'on appela ridiculement *une Convention Nationale,* le tumulte, le délire, l'anarchie et le despotisme le plus insultant. Députés du Peuple! (je parle aux honnêtes gens) qui de vous oseroit dire qu'il a joui de sa liberté dans cette Assemblée ; qu'il y a exprimé ses véritables sentimens, et qu'il a été membre et témoin d'une délibération paisible? L'histoire n'a pas craint de déroger quelquefois à la majesté de son caractère, pour recueillir ces traits d'une naïveté précieuse, si propre à caractériser les hommes et les événemens : pourquoi donc craindrois-je de citer dans un ouvrage sans prétention, le trait connu de ce Paysan-Député auquel on demandoit ce qu'on avoit fait un tel jour à l'Assemblée? — *Nous avons opiné*, dit-il, *par assis et levé.* — Et sur quoi donc? — *Ah!* reprit le bon homme, *on faisoit tant de bruit qu'il n'a pas trop été possible d'entendre.....* Ne riez pas ! Que vos fronts se couvrent plutôt d'une salutaire rougeur, en vous rappelant à quel point on a abusé de votre bonne foi. Songez qu'on vous a dit, qu'on vous a fait croire que vous alliez délibérer sur le gouvernement qu'il vous plairoit de choisir, et que vous étiez libres d'opter entre la réunion à la France et la République individuelle, tandis que tout étoit prévu et décidé d'avance, jusqu'aux moindres circonstances de la farce civique jouée à cette malheureuse époque : tandis qu'un petit nombre de misérables, maîtres du Bureau, écrivoient, sous la protection de dix mille bayonnettes, et sans se donner seulement la peine de vous interroger, cette Collection de Décrets, qui seroient la honte éternelle de la nation, s'ils ne lui étoient pas parfaitement étrangers.

En un mot, si l'on excepte un petit nombre de factieux qui ont osé s'appeler *la Nation*, une partie de l'Assemblée n'entendit rien ; une autre ne comprit rien, et la troisième ne dit rien. Voilà l'histoire de votre Assemblée populaire, et, peut-être, celle de toutes les autres.

Et néanmoins, dans ce moment de terreur et d'anéantissement, où le fracas des armes, les clameurs de la sédition et les hyperboles patriotiques sembloient devoir égarer entièrement l'esprit national, aliéné déjà par des fautes trop récentes, on apercevoit des éclairs de raison, des élans de fidélité, avant-coureurs infaillibles de l'esprit général qui règne aujourd'hui, et qui se manifeste autant que le permet l'épouvantable tyrannie qui vous écrase.

C'est encore l'ordre précieux des Laboureurs qui m'en fournira un exemple bien caractéristique. Un Paysan, peu de jours avant la formation de la prétendue Convention nationale, parloit, en confidence, de la grande question que ce bon Peuple traitoit sérieusement, de savoir s'il convenoit de se réunir à la France, ou de se constituer en République séparée ; car il ne voyoit pas d'autre supposition possible : « Nous aime-
» rions bien mieux, dit-il, faire une Répu-
» blique à part ; parce que, quand une fois
» nous serions maîtres, NOUS NOUS ARRANGE-
» RIONS ASSEZ AVEC NOTRE ROI. » Excellent homme ! véritable Représentant de la Nation ! c'est toi qui es digne de prononcer sa volonté générale. Je te donne mon mandat et celui de tous les honnêtes gens du Duché : le procès-verbal ne sera pas long. Pars pour Turin, va dire à NOTRE ROI, que son Peuple meurt d'impatience *de s'arranger avec lui;* et qu'il n'attend pour cela que le moment d'être *maître,* c'est-à-dire, d'être délivré de la plus dure servitude qui ait jamais accablé les hommes.

Un léger excès de sévérité, introduit par

une terreur légitime, vous révoltoit il y a quelques mois : comparez maintenant, et jugez. Dans les actes les plus sévères de l'ancien Gouvernement, vous avez toujours aperçu une modération marquée, et la main d'un Roi qui n'a point de talent pour punir. Aujourd'hui la tyrannie est telle qu'elle exciteroit infailliblement une révolte à Constantinople. On se joue ouvertement de la propriété, de la liberté des hommes : on les insulte, on déchire leurs consciences ; l'inquisition la plus outrageante viole journellement l'asyle des Citoyens les plus irréprochables. Les derniers des hommes osent vous dicter leurs lois, avec la grossièreté et l'insolence naturelles à des hommes si surpris d'être Rois. Le Prince le plus absolu connoît une multitude de freins; il est retenu par son caractère particulier, par la Religion, par la honte, par la politique, par les conseils salutaires, par l'opinion publique : mais la tyrannie populaire n'a point de pudeur.

Quel changement dans votre situation ! Vous étiez si heureux il n'y a qu'un instant : car vous aviez les biens réels, et vous ne souffriez que les maux légers de l'imagination. Tranquilles sous les lois d'un Gouvernement tutélaire, vous prospériez en paix : la population, l'agriculture, le commerce prenoient des accroissemens marqués : l'or étranger couloit sur votre terre hospitalière. Enfin, vous étiez riches ; car, ne vous y trompez pas, le pays riche n'est pas celui qui renferme beaucoup de riches; c'est celui qui renferme peu de pauvres. Or, si l'on excepte la mendicité des villes, champignon infect qui s'attache au pied de l'arbre social, et dont il étoit aisé de le débarrasser parmi nous, la masse de la nation jouissoit de toute l'aisance nécessaire au bonheur. Les montagnes présentoient même le spectacle le plus intéressant pour l'œil du philosophe, celui de l'opulence rustique. Les prix des choses sont d'ailleurs un thermomètre infaillible pour juger de la quantité de numéraire qui circule dans un pays. Consultez cette règle, elle vous montrera que vous étiez réellement dans un état de prospérité. Jamais l'impôt n'avoit été payé avec plus d'aisance que l'année dernière. On a vu des Communes demander elles-mêmes qu'il fût doublé, pour se débarrasser, par un bel effort, de la dette des affranchissemens. Enfin, l'observateur le plus léger pouvoit découvrir dans le peuple une certaine vigueur, une certaine *alacrité*, qui annonçoit un progrès vers le bien-être.

Et maintenant, que voyons-nous? En un moment, en un clin-d'œil, les lois françoises ont passé sur votre malheureux sol comme un torrent de lave enflammé. La prospérité publique a disparu. Les richesses, fuyant dans les entrailles de la terre, y redoutent encore la main du ravisseur insatiable. Le luxe de décence tremble qu'on ne le prenne pour l'opulence: il ne se montre plus : et la Société entière présente l'extérieur lugubre de la pauvreté. Les cachots s'étonnent de ne plus renfermer que l'innocence. Le Sacerdoce y gémit, martyr d'une cause digne des siècles apostoliques. Le silence de l'abattement n'est interrompu que par les cris féroces et discordans de l'anarchie. Le caractère national n'ose plus se montrer; un souris, un geste innocent peuvent passer pour une conjuration : l'ami n'ose plus épancher ses peines dans le sein de son ami absent. Les pensées sont des crimes; et ces hommes qui se plaignoient naguères que le secret des lettres étoit violé, lorsqu'un seul homme sage cherchoit, dans les lettres d'un petit nombre de scélérats, la preuve des plus dangereuses conjurations ; ces hommes, fouillant aujourd'hui, sans distinction et sans pudeur, les secrets de toutes les familles, s'emparent des lettres, et en font la lecture de leurs assemblées. C'est en vain que, pour échapper à ce spectacle accablant, vous voudriez respirer un instant sur une terre étrangère : c'est en vain que l'âge, le sexe, les habitudes connues attesteroient que vous ne pouvez favoriser ni combattre aucun parti, on ne vous craint pas, mais on a besoin de votre personne, parce qu'on a besoin de vous tourmenter. Ailleurs peut-être vous respireriez, vous vivriez en paix, et le supplice de chaque instant ne vous empêcheroit pas de vous amuser avec les rêves de l'espérance. C'est précisément ce qu'on ne veut pas : il faut demeurer et souffrir, c'est la Loi. Les villes ne sont que de grandes prisons dont tous les fonctionnaires publics sont les geôliers. Enfin, le changement des habitudes morales a fini par se peindre sur les visages, qui ne présentent plus à l'œil effrayé que l'empreinte de la tristesse, ou celle de la rage.

Et ne croyez pas que ces malheurs ne soient que des souffrances passagères, et, comme l'ignorance l'a répété trop souvent, une espèce de défilé par lequel il faut nécessairement passer pour arriver au bonheur et à la liberté. Les principes de la Législation qu'on vous prêche sont essentiellement vicieux ; les bases en sont détestables ; et quand vous combattriez pendant des siècles entiers, pour vaincre la résistance que de semblables principes opposent à toute organisation sociale ; après des siècles de convulsions, vous seriez encore des sauvages, et il faudroit y renoncer.

Je n'ai point chargé le tableau de vos malheurs ; et cependant, songez qu'ils ne sont rien comparés à ceux de la France ; ces malheurs sont tels que toutes les langues sont trop foibles pour les exprimer, et que bientôt il ne sera plus possible de les déplorer que par le silence de l'horreur.

Songez cependant qu'on veut vous amener au même point ; que vous y arriveriez infailliblement, si vous étiez soumis long-temps à la puissance qui pèse aujourd'hui sur vos têtes; et que, si vous n'y touchez point encore, c'est uniquement parce que le caractère national lutte encore contre les principes affreux de la révolution. Mais cette lutte a un terme : tremblez d'y parvenir ; alors tout seroit perdu ; et vous seriez aujourd'hui mille fois plus coupables que les François, si vous ne détestiez pas ces principes ; car vous avez pour vous l'expérience qu'ils n'avoient pas. Transportez-vous au moment où les François, enivrés par des espérances fatales, voyoient enfin, dans le délire de la joie, ces Comices Nationales tant désirées et tant célébrées d'avance ; croyez-vous que les hommes qui se montrent aujourd'hui les partisans les plus ardens de la révolution n'auroient pas reculé d'horreur si, dans ce moment, une voix prophétique eût fait retentir aux oreilles des François ces épouvantables paroles :

« Peuple infortuné ! sais-tu ce que c'est que
» cette liberté qu'on te propose, et cette régé-
» nération dont on te flatte ? C'est le châtiment
» d'un siècle de crimes et de folies ; c'est un
» jugement de la Providence qui fera trem-
» bler l'univers, et tel que l'histoire n'en
» offre pas d'autre exemple. Ces hommes à

» qui tu viens de confier tes destinées sont,
» pour la plupart, des conjurés qui travail-
» lent depuis trente ans à t'enlever tes autels,
» ton Roi, tes coutumes, tes mœurs, tout ce
» qui te rendoit heureux et respectable entre
» toutes les nations de l'univers. La nature a
» tout fait pour toi : tu possèdes la puissance
» et la richesse, l'or et le fer, les sciences et
» les arts : sous ton climat tempéré la terre
» prodigue ses trésors et t'enrichit des pro-
» ductions les plus précieuses et les plus va-
» riées. La mer étend ses bras immenses
» autour de tes provinces fortunées. Tes ports,
» ton sol, tes productions, ton activité,
» appellent toutes les nations du monde ; et,
» pour voir sur tes rivages l'entrepôt de la
» fraternité universelle, il te suffit de ne pas
» repousser le commerce. Le dernier siècle,
» qui fut celui de ta gloire, demande grace
» pour la dégradation dont tu laisses aperce-
» voir tant de signes effrayans ; et l'éclat
» dont une foule de grands hommes t'ont
» couvert impose encore silence à l'Europe, qui
» t'observe. La nature, qui balance tout avec
» sagesse, en te donnant un caractère impé-
» tueux et terrible, t'a fait trois présens

» inestimables, qui ne lui laissent rien de
» dangereux : ton Roi, ton culte et tes pré-
» jugés. Eh bien ! ces hommes que tu appelles
» *tes Représentans*, te priveront de tout cela.
» Ils seront plus forts que toi, plus forts que
» la nature : en peu de mois, ils feront de toi
» un autre peuple ; ils corrompront la cor-
» ruption même, et l'histoire sera crue à
» peine lorsqu'elle parlera de toi. Sembla-
» bles à ces reptiles impurs dont toute la
» force est dans le venin, ils ne posséderont
» que l'art de faire le mal ; on les verra
» déployer, dans ce genre, des talens infer-
» naux ; ils sauront s'emparer de ta fougue
» naturelle, et la tourner toute entière vers
» le crime. Au moment même où ils ont l'in-
» solence de t'appeler *le premier Peuple de*
» *l'univers*, ils vont te précipiter au niveau des
» brutes ; ils te rendront athée et anthropo-
» phage. Aujourd'hui la coupe de *Thyeste* te
» fait frémir sur la scène : tu la repousses
» comme une licence de l'art qui ne peut s'ac-
» corder avec la délicatesse de tes mœurs. En-
» core quelque temps, et l'on te verra réaliser
» des horreurs dont l'image fantastique passe
» maintenant les forces de ta sensibilité. Tu

» te baigneras dans le sang ; tu le boiras, tu
» t'amuseras avec des meurtres, et les victimes
» manqueront aux bourreaux avant que les
» bourreaux manquent aux victimes.

» La majesté des Rois arrêteroit les projets
» de ces grands conjurés : pour la détruire,
» ils t'apprendront à la mépriser, à l'insul-
» ter, en te disant qu'elle est ton ouvrage,
» Dogme fatal et absurde! l'homme ne peut
» rien créer; il n'a reçu, pour son malheur,
» que le pouvoir de détruire; en peu d'heures
» il peut abattre le chêne antique ; mais, s'il
» est une fois privé de son ombrage, il faut
» à la nature un siècle entier pour le lui
» rendre. Quand le charme divin sera rompu,
» quand le pouvoir mystérieux du Gouverne-
» ment n'agira plus sur l'imagination, toutes
» les forces physiques se heurteront à la fois,
» et tu présenteras tout à coup à l'univers
» effrayé le spectacle des vices gangreneux
» d'un vieux peuple, réunis à la féroce éner-
» gie des sauvages. Les mœurs ne pourront te
» défendre; car, de peur que la vertu n'ose
» te parler, la pudeur même sera solennelle-
» ment exilée de tes murs. Au sein de ta
» capitale, on verra ce que les hommes n'ont

» jamais vu, la prostitution monter sur le
» théâtre, appeler, publiquement, à ce
» spectacle étrange, des spectateurs dont elle
» sera sûre, et tes magistrats, tyrans du Roi
» et valets du peuple, n'oser fermer ce théâ-
» tre qu'après huit jours. Encore, si dans le
» naufrage épouvantable de tes lois et de
» tes mœurs, il te restoit au moins un fanal
» pour te ramener ! Un culte est plus né-
» cessaire pour toi que pour tous les au-
» tres peuples du monde ; mais, celui de
» tes pères ayant pour ennemis mortels les
» hommes qui vont devenir tes maîtres et tes
» oracles, ils t'apprendront à le fouler aux
» pieds avec une étonnante brutalité, et tu
» seras encore un peuple unique dans ce
» genre d'excès. Chez les autres nations, l'im-
» piété a toujours été isolée, et presque tou-
» jours timide ; chez toi, elle sera un complot
» universel, une grande conjuration popu-
» laire. Tu t'élanceras en masse contre l'en-
» semble des vérités religieuses ; et, pour
» assouvir cette nouvelle fureur, nul crime ne
» t'arrêtera. Tes Législateurs te diront que tu
» as le droit de voler le patrimoine de tes Prê-
» tres, et tu le voleras ; et, tandis que tu les

» dépouilleras d'une propriété consacrée par
» les titres les plus solennels et par le con-
» sentement des siècles, tu leur refuseras la
» subsistance physique, en leur proposant
» de l'acheter par le crime et l'infamie. Mais
» bientôt, la faim, devenant pour ta cruelle
» impatience un instrument trop lent, tu
» préféreras le poignard : d'une main ferme,
» tu saisiras les dépouilles de l'autel, et de
» l'autre tu l'inonderas du sang de ses Minis-
» tres, qui tomberont en foule sous le fer des
» assassins, avec le courage et le sang-froid
» des premiers héros de christianisme. » —
Vous frémissez! Eh bien! voilà les fruits de
la *liberté* et de *l'égalité!* voilà les *droits de
l'homme* et les dons de la France. Lorsqu'elle
vola la Savoie, il y a quelques mois, elle
vous dit qu'elle respecteroit vos propriétés
et vos consciences ; et maintenant, à la
place de ce bonheur, qu'elle osoit vous
promettre, qu'avez-vous vu, qu'avez-vous
éprouvé sous sa domination ? La misère et
le désespoir. Elle vous a foulés impitoyable-
ment ; elle a détruit votre culte, dépouillé
vos temples, précipité vos richesses dans le
gouffre insatiable creusé par les tyrans de ce

peuple *libre*. A la place des métaux précieux qu'elle vous arrachoit, elle vous envoyoit son papier flétri, signe et instrument de vol; et, pour joindre la dérision au brigandage, ses envoyés attachoient à vos murs une proclamation où ils vous assuroient que ce papier valoit de l'or. Enfin, elle vous a communiqué une partie des maux qui la dévorent, et vous ne voyez devant vous que l'affreuse perspective de les éprouver tous, si la main de la Providence ne se hâte de vous sauver.

Mais tout nous dit que l'instant de la délivrance approche : et, quoiqu'une longue et fatale expérience nous ait appris à trembler sur l'avenir, il paroît cependant que la vérité commence à faire violence à l'erreur, que les écailles tombent de quelques yeux; et qu'en réprimant même les élans de l'espérance, autant que l'exige tout ce qu'une imagination éclairée peut supposer de plus inquiétant, le retour prochain à la puissance légitime peut toujours être envisagé par nous comme un de ces événemens dont les probabilités se multiplient au point de s'approcher de la certitude.

5 Mai 1793.

SECONDE LETTRE

d'un

ROYALISTE SAVOISIEN

A SES COMPATRIOTES

RETOUR A L'ORDRE ET A LA PUISSANCE
LÉGITIME.

> Tout père frappe à côté.
> LA FONTAINE.

Faites les suppositions que vous voudrez ; imaginez les intrigues les plus étranges, les brouilleries les plus inattendues, les rapprochemens les plus monstrueux, l'oubli le plus fatal des intérêts de la souveraineté et de ceux des peuples : enfin, donnez-vous carrière, et ne ménagez pas votre siècle.

Ou bien, dans ces momens où l'humeur ne vous dominera pas, imaginez ce qui doit arriver suivant les règles ordinaires de la probabilité; abandonnez les choses à leur propre poids; ne rêvez rien de triste ni d'odieux, et croyez encore à la raison et à l'honneur.

Vos spéculations finiront toujours par une conquête, ou par un traité, qui rendront la Savoie à son légitime souverain.

Assurément, l'Europe s'est montrée bien douce, bien complaisante, bien chrétienne, quoi qu'on en dise; personne n'admire plus que moi son étonnante *longanimité* : mais je ne crois pas qu'elle pousse cette nouvelle vertu au point de donner les Alpes aux François, pour les récompenser des services signalés qu'elle en a reçus depuis quatre ans.

Vous n'attachez, sans doute, aucune importance à ces promesses solennelles qui vous ont été faites par la République Françoise, *de ne poser les armes que lorsque votre liberté seroit affermie à jamais.* Ceux qui font ces sortes de promesses ne sont pas coupables; ils savent fort bien qu'il ne dépend pas d'eux de les tenir : tant pis pour ceux qui ont la bonté d'y croire.

La même promesse avoit été faite aux Belges et aux Liégeois : le bon parti trembloit, et le mauvais triomphoit comme parmi nous. Tout-à-coup, sans le moindre égard pour cette promesse sacrée, les Autrichiens sont venus assister au club, et le bruit de l'auguste sonnette s'est perdu au milieu du fracas des armes.

Il y auroit, d'ailleurs, une question à faire au parti, heureusement très-peu nombreux, qui redoute le rétablissement de la royauté parmi nous.

Croyez-vous que ces hommes sur lesquels vous comptez prennent un intérêt réel à vous ? Croyez-vous qu'ils soient disposés à faire de grands sacrifices pour vous, et à s'exposer à de grands malheurs pour maintenir ce que vous appelez *votre liberté ?* Dans ce cas, il faut vous dire ce que toute l'Europe sait, excepté vous, c'est qu'ils ont déjà offert expressément la restitution de la Savoie ; et que, si l'Angleterre avoit voulu accepter cette restitution comme le prix de sa neutralité, y a deux ou trois mois que vous seriez déjà entre les mains de votre bon et légitime Souverain, que nos véritables tyrans osent appeler le Tyran de Turin.

Prenez la peine d'aller à la *maison commune* feuilleter ce fatras de bulletins qui pleuvent sur le bureau ; remontez jusqu'à celui qui rend compte de la déclaration de guerre faite à l'Angleterre ; lisez le rapport qui précède cette déclaration. Quoique le rapporteur n'y dise pas expressément qu'on eût offert la restitution de la Savoie, il avoue cependant qu'il en avoit été question ; car il se plaint de *l'ignorance perfide* [1] avec laquelle M. *Pitt* avoit exagéré l'importance de ce pays dans ce qu'il appeloit *la balance de l'Europe.* Mais si vous voulez vous convaincre que vous seriez déjà rendus au Roi de Sardaigne, si l'Angleterre n'avoit pas eu des vues un peu plus étendues, pesez seulement les aveux du rapporteur ; vous verrez que la Convention Nationale étoit disposée à faire les plus grands sacrifices pour obtenir la neutralité de cette puissance. Faites bien attention à ce qu'il dit dans un endroit de son rapport : « Que l'Ambassadeur de la République avoit fait, *pour obtenir seulement l'honneur de voir M. Pitt,* des *démarches* qu'on auroit à peine osé exiger de lui après deux ans d'une guerre malheureuse [2]. »

[1] *Ignorance perfide!* deux mots qui doivent être un peu surpris de se trouver ensemble.
[2] Je suis obligé de citer de mémoire, mais je suis sûr qu'elle ne me trompe pas.

Vous conviendrez bien, j'espère, qu'*après deux ans d'une guerre malheureuse*, de la part de la France, ce ne seroit pas être fort indiscret que d'*oser* lui demander la restitution de la Savoie.

Vous devez donc croire, en bonne logique, que, sans l'*impolitesse révoltante*, mais bien heureuse pour vous, de M. *Pitt*, on vous auroit donnés pour une visite.

Vous savez donc ce que vous valez aux yeux de vos maîtres.

Réfléchissez bien sur toutes les circonstances qui vous environnent, et vous verrez qu'au lieu de vous débattre vainement contre la vérité qui vous éblouit, il vaudroit mieux vous plier aux circonstances, et tâcher de vous sauver, s'il est possible.

Dans peu de temps, le Roi de Sardaigne sera maître de son duché de Savoie; partez de ce fait, et pensez à vous.

Ce changement fortuné pourroit-il effrayer la masse de la nation? Non sans doute. Eh! que pourroit-elle craindre? Une famille entière reverra son père après un instant d'absence : *la justice et la paix s'embrasseront.*

Mais peut-être que les espérances les plus

chères des fidèles sont empoisonnées par la crainte des exécutions terribles qui doivent accompagner le retour de l'ordre, et dont on ne cesse de les effrayer.

Fidèles Savoisiens! loyaux défenseurs de l'autorité légitime! gardez-vous de prêter l'oreille à ces suggestions perfides; c'est le dernier moyen des ennemis de l'ordre, pour vous faire redouter le rétablissement de son règne.

Dans la dernière proclamation des commissaires de la Convention Nationale, pièce en tout digne de la cause qu'ils défendent, on lit de nouveau ce qu'ils vous ont déjà dit tant de fois et de toute manière.

« Les ennemis qui vous environnent, di-
» sent-ils, ne vous pardonneroient jamais,
» soyez-en sûrs, l'unanimité avec laquelle
» vous avez appelé les armées Françoises
» pour briser vos fers. »

A qui donc s'adressent ces étranges paroles? Est-ce aux militaires qui ont tout quitté pour défendre le trône, qui lui ont fait le double sacrifice de leurs fortunes et de leurs vies, et qui ont été, s'il est possible, plus attachés à leurs drapeaux depuis qu'on a prononcé contre eux une confiscation, dont la seule proposition auroit révolté des *Hérules* ou des *Vandales,* et qui suffiroit pour appeler sur nos tyrans l'exécration de l'univers ?

Est-ce au reste de la noblesse, qui prit la fuite en corps, à la première nouvelle de l'arrivée des François ?

Est-ce à ce clergé intrépide qui vient de s'illustrer par la résistance la plus courageuse, et qui auroit livré sa vie comme il a livré ses biens, plutôt que de fléchir sous le sceptre de l'athéisme ?

Est-ce au *peuple* enfin, à ce bon peuple également fidèle et religieux, qui a toujours manifesté une répugnance d'instinct pour ces lois exécrables, subversives de tout ordre et de toute morale, et qui, dans ce moment même, consultant plus ses inclinations que les règles de la prudence, s'élève, hélas ! sans moyens suffisans, contre le pouvoir qui l'opprime ?

Reste donc l'écume des villes, purifiée même depuis la révolution, puisqu'il est universellement connu que l'expérience a fait naître de grands remords, et que tous les cœurs droits sont dans la bonne route.

Quoique personne n'ait le droit, sans autorisation, de vous annoncer quelle sera la conduite du Roi et de son gouvernement, lorsque l'autorité légitime aura repris sa place, il semble néanmoins qu'en réfléchissant attentivement sur les lois d'une politique saine, sur le caractère du Souverain auquel nous serons rendus, et sur le mérite de la nation en général, le bon sens le plus ordinaire apprend ce qui doit arriver.

D'abord, tous les payemens forcés faits en assignats seront annulés. En France, peut-être, une telle loi auroit des inconvéniens; en Savoie elle n'en aura pas : le revirement de vols n'aura pas duré assez longtemps pour qu'il soit dangereux d'en faire justice. La loi, d'ailleurs, sera calculée avec toute la prudence nécessaire; elle désignera clairement l'espèce de payemens qu'elle entend anéantir; elle marquera les cas où le payement sera complétement nul, et ceux où le débiteur sera libéré au montant de la valeur réelle des assignats.

Et comme l'enthousiasme d'une partie de la nation, et l'intérêt commun, excité par l'effroi d'une banqueroute totale, ont soutenu les assignats plus qu'on ne l'auroit imaginé, et les conduisent au discrédit absolu par une pente insensible, il s'ensuit que, pour un espace donné de quelques mois, il n'y auroit pas d'inconvénient sensible de prendre la valeur réelle qu'ils avoient au milieu de ce temps, comme une valeur invariable qui serviroit de règle aux tribunaux pour tous les jugemens à rendre dans les affaires relatives aux payemens faits en assignats.

Par exemple, depuis le mois de Février dernier, époque de l'introduction des assignats en Savoie, jusqu'au moment présumé où ce pays rentrera sous la domination du Roi de Sardaigne, la perte sur les assignats ne se sera pas fort écartée de la moitié au-dessous du pair : ainsi, il ne seroit pas étonnant que le Législateur, dans l'impossibilité de rendre à chacun une justice arithmétique, n'attribuât, en général, aux assignats que la moitié de leur valeur originaire.

Le Clergé, la Noblesse et, en général. tous les individus chassés par l'invasion des François et par la révolution qui en fut la suite, rentreront dans leurs droits en rentrant en Savoie. Toute aliénation de leurs biens meubles et immeubles étant, non-seulement nulle, mais encore éminemment criminelle, les acquéreurs, s'il s'en est trouvé, seront traités comme la loi traite les usurpateurs. Ainsi, ils répondront des détériorations, des dommages de tout genre, des fruits perçus, et de ceux qui auroient pu l'être. Si leur fortune ne peut fournir une juste indemnité, les administrateurs sont là, avec leur responsabilité solidaire.

Suivant toutes les apparences, au moment où S. M. le Roi de Sardaigne rentrera dans son duché de Savoie, il ne se sera trouvé encore aucun homme assez dépourvu de sens pour avoir osé acquérir des biens que la secte d'aujourd'hui appelle *nationaux*, surtout des biens immeubles.

Mais le séquestre seul peut amener une grande responsabilité, surtout à l'égard des biens des militaires.

Il est important d'observer que la *loi*, ou, pour mieux dire, l'*ordre* de la Convention Allobroge (car il ne faut pas profaner un nom auguste), n'avoit rien statué sur les biens des militaires; on lit même, dans le procès-verbal, des expressions qui les excluoient formellement de la disposition générale [1]. Dès lors, la Convention Nationale, occupée par d'autres brigandages, n'a rien statué sur cet article.

Et cependant tous ces biens ont été séquestrés.

Donc, tous les dommages résultant du séquestre sont à la charge de la *Commission provisoire* et des *Municipalités*.

Distinguez soigneusement, à cet égard, les actes ordonnés par une puissance supérieure, de ceux que les autorités de province n'ont pas craint de prendre sur elles, en sévissant contre l'innocence avant d'en avoir reçu le signal de Paris.

Dans le premier cas, il sera possible de présenter quelques excuses [2]; dans le second, je n'en vois aucune.

---

[1] En invitant ce qu'elle appeloit *les Émigrés* à reprendre *leur domicile*, elle excluoit clairement les militaires qui n'étoient point *Émigrés*, même dans la fausse acception que le tripot A'lobroge donnoit à ce mot ; et qui, par la nature même de leurs fonctions, n'ont point de *domicile ordinaire*.

[2] Je dis *quelques excuses;* car il s'en faut de beaucoup qu'on soit innocent toutes les fois qu'on n'a fait qu'obéir. Il faut distinguer et peser les circonstances. Quelquefois on est tenu de désobéir, ou de donner sa démission ; ou, tout au moins, de résister.

Comment excuser, par exemple, l'incroyable arrêté du 28 Mars dernier? Quelle fureur! quel délire! quel aveuglement! inquisition outrageante, visites domiciliaires, saisies de papiers, désarmement injuste, surveillance vexatoire, emprisonnemens arbitraires, injonctions humiliantes, mépris scandaleux du culte, injures nominatives adressées à S. M. le Roi de Sardaigne [1]. Tous les genres d'atrocités sont accumulés dans cette étrange pièce; et, lorsqu'on réfléchit que le Département n'a pas craint d'agir en tout cela de son propre mouvement; qu'il a prévenu la Convention Nationale; que rien ne le forçoit à cet abus extravagant d'une puissance qui doit fondre comme la neige et avec la neige; qu'il s'est chargé bien volontairement d'une responsabilité terrible; et que tous ces beaux paragraphes sont signés en toutes lettres par

---

[1] Comme il est écrit que, dans tous les actes de la Révolution, la déraison se mêle à l'iniquité, vous observerez que, dans ce bel arrêté du 28 Mars dernier, le Roi de Sardaigne est appelé niaisement *le ci-devant roi Sarde*. — Oh! pour cela, Messieurs, je vous demande pardon. Il est bien Roi de Sardaigne, et Roi plus que jamais. Demandez plutôt à l'amiral *Truguet*, qui a laissé en Sardaigne tant de mauvaises têtes et tant de bons canons.

des hommes qui ont des prétentions au sens commun; on ne revient pas de son étonnement, et l'on comprend à peine comment le tintamarre de la révolution a pu étouffer à ce point le *ci-devant* bon sens d'un aussi grand nombre de personnes.

Avant de terminer l'article de la responsabilité, il est nécessaire d'observer que plusieurs coupables croiront échapper à ce danger en aliénant leurs biens, et changeant de climat. Dans ce cas, les acquéreurs courent grand risque; car ces aliénations pourront fort bien être déclarées nulles : tout homme qui se détermine à commettre un crime contracte envers la société l'obligation de réparer le dommage qui en résulte; et la date de cette obligation est la même que celle du crime.

Les biens meubles étant la première proie des brigands, si les circonstances leur laissent le temps de causer de grands dommages dans ce genre, la justice poursuivra ces biens partout où ils se trouveront : ils seront saisis et restitués sans indemnité, comme des effets volés; et le vendeur quelconque sera toujours caution de l'acquéreur.

Enfin, il est évident que, pour remettre les choses à leur place, il faudra établir des formes expéditives et des preuves privilégiées, les lenteurs ordinaires de la procédure civile ne s'accordant nullement avec un tel ordre de choses.

Vous venez de voir ce qu'exigent les lois strictes de la justice distributive à l'égard des dommages soufferts par les royalistes. Mais peut-être que vous êtes inquiets sur le sort des *coupables*. Peut-être que vous tremblez sur la latitude qu'on donnera à cette expression, et sur la manière dont la puissance légitime poursuivra ceux qu'elle appellera de ce nom.

A cet égard, il semble qu'il est encore aisé de prévoir ce qui doit arriver.

D'abord, vous pouvez être sûrs que vous ne verrez aucune exécution militaire. Pourroit-il se trouver des gens assez dépourvus de sens pour croire que Victor-Amé veuille ravager son patrimoine, de ses propres mains, et frapper en aveugle sur l'innocent et sur le coupable, au lieu de donner au glaive de la justice le temps de choisir les têtes? Cette supposition est si extravagante, qu'il faut être non pas *impudent*, mais *l'impudence*, pour oser vous en faire un épouvantail.

A l'égard du petit nombre de furieux qui oseroient résister les armes à la main, ou seuls, ou en compagnie; peu vous importe, je crois : s'ils sont tués, ils seront fort heureux ; s'ils étoient faits prisonniers, il n'est pas douteux qu'ils seroient traités en criminels de lèze-Majesté.

L'erreur, et surtout la première erreur, ne sera pas punie. On ne demande qu'à pardonner. C'est un mérite sans doute d'avoir jugé la Révolution Françoise dans son principe; mais c'en est un aussi d'avouer humblement qu'on a méconnu la couleuvre dans l'œuf qui la renfermoit, et qu'on l'abhorre depuis qu'on l'a vue déployer ses replis immenses, et vomir son effroyable venin sur toutes les parties de l'Europe.

On appellera *erreur* tout ce qui pourra porter ce nom ; et même, on violera la langue, pour contenter la clémence.

En général, souvenez-vous que la puissance légitime, image du principe éternel dont elle émane, *punit* quand il le faut, *par-*

donne quand elle le peut, et ne *se venge* jamais.

Si elle avoit le malheur de descendre jusqu'à la colère, elle se détacheroit de son principe, elle seroit *rebelle*.

Enfin, quand la bonté la plus ingénieuse aura épuisé tous les motifs, et même tous les prétextes de pardon, il restera les grands coupables.

Ah ! malheureux, qu'avez-vous fait? Vous avez appelé sur votre pays les armes d'un peuple égaré.

Vous avez violé le premier et le plus saint des sermens : vous avez trahi, renié, insulté votre Souverain.

Apôtres de la rébellion, de l'anarchie, et de tous les crimes qui en sont la suite, vous êtes coupables de lèze-Majesté et de lèze-Société.

Joignant à la scélératesse cette obstination réfléchie qui en forme le plus haut degré, depuis huit mois, la raison ni les remords n'ont pu vous faire entendre leurs voix un seul instant, à la vue de tous les maux que vous avez attirés sur votre patrie.

La pitié est si naturelle à l'homme, que

les cœurs les plus féroces lui rendent quelquefois hommage. Ranimés de temps en temps par les restes languissans d'une flamme céleste, ils s'étonnent de se sentir attendris. Mais vous! — Comment expliquer votre incroyable barbarie? Vous tourmentez par tous les genres de duretés des hommes sans défense, qui ne peuvent vous nuire, dont la cause est absolument séparée de celle des malheureux François, avec lesquels vous vous obstinez à les confondre, et qui ne vous demandoient que de vivre paisibles et ignorés. Le sexe même qui peut tout ne peut rien sur vos âmes! La main d'un sauvage s'arrête devant l'intéressante foiblesse d'une femme sans défense : plus sauvages que les sauvages, vous tourmentez, vous humiliez, vous emprisonnez des femmes pour des crimes de votre création.

Enfin, on vous voit (chose étrange!) prévenir les fureurs de la Convention Nationale, et vous investir de ses passions forcenées; au lieu d'attendre ses ordres terribles, et d'en amollir la dureté en faveur de vos malheureux compatriotes.

N'espérez point échapper à la justice. Tardive dans sa marche, par un jugement caché de la Providence, elle arrive cependant, elle vous presse; et déjà son bras se lève pour frapper. Où fuirez-vous? Irez-vous chercher la sûreté auprès des grands coupables? vous ne ferez que retarder votre supplice pour l'aggraver. En vous jetant dans les bras des parricides (dernière et fatale ressource!), vous le deviendriez vous-mêmes. Aujourd'hui, l'œil de la miséricorde peut encore vous distinguer d'eux : alors, vous partageriez leur crime et leur sort. L'Europe enfin a senti le danger, et le pacte le plus solennel et le plus général refuse l'asyle à tous les parricides. La plume des historiens a tracé quelquefois la situation terrible d'un homme qui, dans les temps anciens, avoit encouru la disgrace d'un Empereur Romain. Le malheureux promenoit tristement ses regards sur la terre habitée, sans pouvoir y découvrir une place où la puissance de son maître ne pût l'atteindre : voilà votre sort; et c'est en fuyant vers la France que vous accomplirez vos destinées.

Sans biens, sans patrie, sans secours, séparés pour jamais de tout ce qui vous fut cher; errant sur une terre maudite; repoussés par tous les gouvernemens légitimes, vous verrez approcher l'inévitable moment qui doit vous livrer au glaive des lois : et cette affreuse suspension commencera votre supplice.

Entendez-vous le cri de l'univers indigné? « Point d'asyle, point de paix pour les régi-
» cides! Si vous traitez avec eux, vous péri-
» rez vous-mêmes, et vous le mériterez. Pu-
» nissez le plus grand crime que les hommes
» aient jamais commis : vengez le ciel, et les
» hommes, et les Rois! »

Je ne vous parle pas des Monarchies pures; vous savez assez que les criminels n'y trouveront point d'asyle ; mais vous avez vu l'ambassadeur d'une nation libre et prépondérante requérir solennellement une autre nation libre de refuser cet asyle; et, lorsqu'un représentant du peuple Anglois blâma cette démarche en plein Parlement; lorsqu'il osa parler d'accusation contre l'ambassadeur, vous savez que cette motion, soutenue par une misérable minorité[1], expira sans discussion.

---

[1] Trente-six contre deux cent onze. Journal du Parlement d'Angleterre, 26 Avril dernier.

Je conviens cependant que personne ne peut estimer au juste le degré de complaisance ou de délire, dont la masse de la nation Françoise est susceptible ; et que, par conséquent, personne ne peut calculer au juste la résistance qu'elle opposera. Cependant, ou il faut renoncer à tous les calculs de probabilités, ou cette résistance touche à sa fin. Si la machine étoit conduite par un scélérat sublime, sans aucun partage d'autorité, peut-être il pourroit donner une assiette au gouvernement, faire plier les Puissances étrangères, répéter enfin le rôle de Cromwel ; mais jamais je ne pourrai croire aux succès durables de cette horde parricide, la lie de la lie des peuples. Plus tôt ou plus tard, l'édifice monstrueux de sa puissance tombera sous l'effort réuni des ennemis du dedans et du dehors. Les coupables seront livrés à la justice de l'univers ; et, si vous avez cherché votre sûreté auprès d'eux, vous serez livrés avec eux.

Personne n'a droit de vous assurer qu'il soit encore temps pour vous d'échapper au sort épouvantable qui vous attend ; mais tout le monde doit vous conseiller de l'essayer.

Vous êtes coupables, sans doute; vous l'êtes infiniment : mais vous ne l'étiez pas autant lorsque vous eûtes le malheur d'embrasser le parti que vous défendez. C'est par degrés que vous êtes descendus dans le précipice. Quand l'ignorance, la vanité, ou d'autres causes vous conduisirent sur les bords de l'abyme, vous n'en connoissiez pas la profondeur : vous fîtes le premier pas en aveugles; — le sort a fait le reste.

> Lorsque deux factions partagent un empire,
> Chacun suit au hazard la meilleure ou la pire :
> Mais, quand le choix est fait, on ne s'en dédit plus.

Terrible vérité ! que vous pouvez invoquer, peut-être, pour diminuer vos torts : le premier pas n'est jamais un grand crime; mais, le premier pas fait, il n'est plus possible de revenir en arrière. Une démarche en amène nécessairement une autre ; et, tandis que l'effervescence d'un parti vous enivre et vous entraîne, la haine de l'autre, qui vous pousse dans le même sens, double le mouvement et le rend irrésistible. Malheureux! tandis que l'homme exalté du parti contraire au vôtre appelle sur vous le glaive des lois et la vengeance du ciel, peut-être que s'il lisoit dans vos cœurs, il vous plaindroit; il y verroit, peut-être, les remords déchirans; il y liroit que cette rage que vous déployez d'une manière si terrible est étrangère à votre caractère; qu'elle est produite par le sombre désespoir d'un homme qui n'ose plus concevoir des pensées de miséricorde. — Arrêtez! eh! qui sait s'il n'est plus d'espérance pour vous? Qui osera poser des bornes à la Clémence, et dire à cette fille du ciel : « Tu iras jusques là, et tu n'iras pas plus loin. »

L'heure fatale n'a pas encore sonné; . .
. . . .
. . . .

Oh! les plus infortunés des hommes! il est toujours temps de se livrer à l'horrible désespoir : attendez! voyez! il ne vous reste qu'une minute; employez-la pour vous sauver.

Si le ciel vous inspiroit une de ces démarches éclatantes, un de ces traits héroïques qui demandent grace pour des années de crimes; si vous aviez le courage de fouler aux pieds cette honte criminelle, cet engagement, ces préjugés funestes qui se placent entre vous et votre devoir; enfin, si vous étonniez votre Souverain par quelque résolution à jamais mémorable, — qui sait?

Venez, alors, venez vous jeter à ses pieds ; dites-lui avec cet accent du repentir si séduisant pour l'oreille de la Clémence; dites-lui que vous fûtes égarés ; qu'au milieu même de vos excès, vous n'avez point abjuré entièrement le caractère national ; que vous n'avez jamais versé le sang ; que les ministres de la Convention Nationale au Département des Meurtres, n'ont jamais osé vous en commander un, et qu'une preuve incontestable que la vertu n'est pas tout-à-fait morte au fond de vos cœurs, c'est que vos nouveaux maîtres vous méprisent encore et ne s'en cachent pas. Dites que la certitude cruelle de ne pouvoir obtenir de grace a produit, chez vous, ce désespoir fatal qui conseille de nouveaux crimes, et que vos excès mêmes attestent vos remords.

Et, tandis que, prosternés devant ce trône que vous avez outragé, vous attendrez une réponse qui décidera de votre sort, savez-vous par qui vos humbles supplications seront appuyées auprès d'un Souverain justement irrité? — Ce sera par les victimes de vos fureurs, et c'est ainsi qu'il leur appartient de se venger. Je sais que les vengeances de la justice ne sont pas les seules que vous craigniez : vous redoutez le profond ressentiment de tant d'hommes que vous avez punis si cruellement des torts de la naissance, ou des scrupules de l'honneur et de la conscience. Ah! combien vous vous trompez! Ils auront assez de pleurer sur les rigueurs inévitables de la justice, sans aller encore lui dénoncer les injures qui n'auront blessé qu'eux. Ce seroit déshonorer la plus belle cause de l'univers que de permettre à la vengeance individuelle de se montrer au milieu de ces grands intérêts. Oui! ce sera une bassesse de demander justice, et un crime de se la faire. — Pontifes, Lévites vénérables! dignes soutiens de la foi de nos pères! Nobles Chevaliers! enfans de l'honneur et de la gloire! sujets fidèles, qui que vous soyez! jurez tous qu'au grand jour de la *fête nationale*, où les croix blanches, chassant devant elles le bonnet infâme, brilleront de nouveau sur notre terre affranchie, vous n'interromprez par aucune plainte sinistre le concert ineffable de la joie universelle. Les Rois ne se rapprochent jamais plus de l'Être-Suprême que lorsqu'ils pardonnent : rapprochez-vous des Rois en pardonnant aussi. Publiez votre amnistie particulière. Il n'y a qu'un rôle digne de vous, celui de faire valoir les prières du repentir. Les lois feront justice des coupables obstinés ; elles puniront le vol ainsi que la révolte; elles vous rendront tout ce qu'un exécrable brigandage vous aura enlevé : ne demandez rien de plus, et même ne demandez pas tout. Quant aux injures personnelles, oubliez-les entièrement : chargés du noble emploi de soutenir le trône et de rétablir l'ordre, vous tomberiez trop au-dessous de votre destination, si vous écoutiez un instant la voix d'un orgueil blessé, qui ne vous dicteroit que des plaintes avilissantes, ou des fautes graves contre l'ordre social.

Et maintenant, bon peuple de Savoie, famille fidèle, souffrez que je m'adresse à vous en général, et ne repoussez point la voix fraternelle d'un compatriote et d'un ami. Je vais sonder vos cœurs, et chercher dans leurs derniers replis les plus légers atômes de fiel. Les renfermer, ce seroit les éterniser : il suffit de les mettre au jour pour qu'ils s'évaporent. On accuse souvent les Princes de ne vouloir pas entendre la vérité, au lieu d'accuser les hommes imprudens ou corrompus qui ne savent pas la dire. Vous verrez que, sur les sujets les plus délicats, il est toujours possible de dire tout ce qu'il seroit dangereux de cacher.

Vous allez retomber sous la main, ou, pour mieux dire, dans les bras de votre Souverain. Quel malheur, si ce moment n'étoit pas marqué par une joie pure! si quelque amertume pénible se mêloit, dans vos cœurs, au sentiment de joie qui doit accompagner le rétablissement de l'ordre!

Que pourriez-vous redouter encore? La calomnie aux abois n'a plus qu'une ressource pour vous effrayer : elle voudroit empoisonner pour vous le moment fortuné de la réunion, en vous montrant, dans une perspective sinistre, la domination Piémontoise et le gouvernement militaire? — Ah! laissez-moi vous dire tout sur ces deux points. Si la raison calme et impartiale daignoit me choisir pour son organe; si mes réflexions, dictées par la plus sévère impartialité, pouvoient devenir également utiles au Prince et aux sujets, jamais le ciel, dans sa bonté, ne pourroit me procurer de jouissance égale, et je le remercierois d'avoir épuisé ses dons en ma faveur.

Milton Keynes UK
Ingram Content Group UK Ltd.
UKHW022121030324
438776UK00008B/1350